《清宮揚州御檔精編》編委會

主　任：謝正義　胡旺林　陳章龍　郭　榮

副主任：盧桂平　董玉海　周新國　吴　紅　宗金林

編　委：吴善中　周建超　周新國　宗金林　柏桂林
　　　　崔隆平　商志勇　萬一芹　劉訓揚　魏怡勤

主　編：宗金林　周新國

副主編：崔隆平　魏怡勤　商志勇

編　輯：蔣國法　徐　杰　劉若芳　劉　超　蘇文英
　　　　朱　玥　董瀟瀟　朱季康　顧亞欣

圖書在版編目（CIP）數據

清宮揚州御檔精編 / 中國第一歷史檔案館，揚州大學，揚州市檔案局（館）編. -- 揚州：廣陵書社，2012.5
ISBN 978-7-80694-822-4

Ⅰ.①清… Ⅱ.①中… ②揚… ③揚… Ⅲ.①地方政府—歷史檔案—檔案資料—揚州市—清代 Ⅳ.①K295.33

中國版本圖書館CIP數據核字(2012)第068731號

清代揚州御檔精編

編 者	中國第一歷史檔案館 揚州大學 揚州市檔案局（館）
責任編輯	王志娟
出版發行	廣陵書社
社　址	揚州市維揚路三四九號
郵　編	二二五〇〇九
電　話	（〇五一四）八五二三二八〇八八　八五二三二八〇八九
印　刷	揚州文津閣古籍印務有限公司
版　次	二〇一二年五月第一版第一次印刷
標準書號	ISBN 978-7-80694-822-4
定　價	柒佰捌拾圓整（全肆冊）

http://www.yzglpub.com　　E-mail:yzglss@163.com

清宮揚州御檔精編

中國第一歷史檔案館
揚　州　大　學　編
揚州市檔案局（館）

廣陵書社
中國·揚州

出版説明

揚州是一座有着近兩千五百年建城史的文化古城，歷史上曾數度輝煌，清代康乾時臻于極盛，成爲當時富甲天下的繁華都市。中國第一歷史檔案館所藏清宮檔案中涉及揚州者衆多，爲充分挖掘、利用清代揚州檔案史料，二〇〇九年十二月，我社出版了由中國第一歷史檔案館、揚州市檔案館（局）聯合選編的《清宮揚州御檔選編》，該書綫裝六册，濃縮展現了清代揚州的方方面面，不啻爲清代揚州社會的縮影。二〇一〇年，我社又整理出版了《清宮揚州御檔》，該書精裝十八册，收録了中國第一歷史檔案館所藏揚州檔案五千餘件，以其所選内容獨具權威性和資料性被列入國家清史工程的出版項目。

爲更好地滿足廣大讀者對揚州歷史文化的喜好，我社與中國第一歷史檔案館、揚州市檔案館（局）、揚州大學合作，在《清宮揚州御檔選編》的基礎上，删繁選精，編輯出版《清宮揚州御檔精編》，共收録清代十朝揚州檔案一百二十件。書中内容按朝代時序排列，共分爲四册。第一册：順治朝、康熙朝、雍正朝；第二册：乾隆朝；第三册：嘉慶朝、道光朝；第四册：咸豐朝、同治朝、光緒朝、宣統朝。爲儘可能保持歷史原貌，所有奏摺均爲完整原件影印。并在各朝代之首用皇帝玉璽作爲引頁，另在每篇御檔的首頁右上方編排題名。爲使讀者全面了解清宮揚州檔案情況，本書書前收録了原《清宮揚州御檔》二篇序文，并做了適當修改。該書套色印製，宣紙綫裝，具有較高的史料價值和收藏價值。

廣陵書社編輯部

二〇一二年三月

序一

胡旺林

《清宮揚州御檔精編》如期面世了。這是一部凝結着中國第一歷史檔案館、揚州市檔案局檔案工作者和揚州大學學者的心血、匯集着清代揚州深厚豐富歷史的史料集，是全方位展示清代揚州歷史不可多得的第一手珍貴資料，是被列入國家清史工程的史料出版項目的後續工作，也是我們爲國家、爲社會提供利用服務的又一新成果，爲此當表示祝賀。

這部按地方分類方式編輯的史料集，是在揚州市委、市政府的鼎力支持下，由中國第一歷史檔案館組織人力，翻閱了館藏的十八類檔案，查找出了八千多件，并全部製作成數字影像，再由揚州市檔案局和揚州大學合作完成其編纂工作，前後歷時三年時間。在此套史料集出版前，揚州市檔案局首先精選了二百多件，編輯出版了一函綫裝本《清宮揚州御檔選編》，隨後將查找出的清代揚州歷史檔案全部匯總，并報國家清史編纂委員會立項，使這部清宮所

藏地方檔案史料最終被列爲國家清史工程的史料出版項目，有力地提升了此套檔案史料在出版領域的地位和價值，也極大地豐富了原有選編本的史料内容。

中國第一歷史檔案館是專門保管明清兩代中央國家機關及皇室檔案的中央級國家檔案館，尤以清代檔案最爲豐富。經過幾代檔案工作者的辛勤耕耘，清代歷史檔案工作從保管保護、整理編目、滿文翻譯、縮微拍照、數字化加工到編輯出版和開發利用，都取得了長足的發展。據初步統計，目前中國第一歷史檔案館所保存的一千餘萬件清代檔案中，整理到件的已達三百餘萬件，其中滿文檔案近五十萬件，并對這部分檔案進行了縮微拍照和數字化加工，另外還編輯出版了大量的歷史檔案史料。這些工作，爲檔案館自身建設奠定了較爲厚實的基礎，也爲國家大型文化項目、爲地方經濟文化建設、爲社會研究利用創造了較好的條件。

爲國家、爲社會提供利用服務是中國第一歷史檔案館的基本職責之一。從二〇〇三年起，中國第一歷史檔案館陸續爲國家清史工程提供了大量的檔案史料，在前後六年左右的時間裏，爲國家清史工程提供了軍機處録副奏摺、軍機處電報檔、雨雪糧價單、宮中硃批奏摺、

灾賑檔、乾隆朝滿文寄信檔、隨手檔（嘉慶到宣統）、户科題本、刑科題本（婚姻家庭類）、雍正朝滿文議覆檔、端方檔、滿文熬茶檔等，總計近二百萬件，這批檔案的數量，基本上占到全館館藏檔案的百分之二十，另外加上陸續出版的一些檔案史料，包括《清宮揚州御檔》，總共提供的檔案史料占到全館館藏檔案的百分之三十左右，發揮了我們應有的作用，履行了我們應盡的職責，這是令我們感到欣慰的事情。但從整體來説，我們有近百分之七十的清代歷史檔案没有整理到件，没有詳盡準確的目録，没有製作成縮微影像和數字影像，我們還不能爲國家、地方、社會的研究利用提供更全面、更安全、更快捷的服務，我們的檔案館還不是一個具有現代化功能、全面對外開放的檔案館，這又是讓我們感到遺憾的事情。這反映出中國第一歷史檔案館的檔案基礎工作任重道遠，還需要我們檔案工作者明確方向，并肩携手，在檔案基礎業務建設和檔案館基礎設施方面謀求更大的發展。最近根據社會各界和廣大讀者的要求，廣陵書社又與中國第一歷史檔案館、揚州市檔案館（局）、揚州大學合作，編輯出版《清宮揚州御檔精編》（一—四册），這是一件十分有意義的事情。

歷史的經驗告訴我們，在檔案工作中，我們特别要處理好保管保護與開發利用兩者的關係。保管保護是檔案工作的根本，是延續傳承的保障；提供開發利用是目的，是檔案價值的體現。檔案館必須在管好檔案、保證檔案安全的前題下進行開發利用，决不能爲了開發利用而忽視了檔案的安全保管。檔案工作者要從對歷史負責、對黨和國家事業負責的高度來認識做好檔案安全工作的重要性，確保珍貴檔案萬無一失。中國第一歷史檔案館遵照中央辦公廳領導的指示，嚴格按照國家檔案局有關要求，在做好日常利用工作的同時，不斷加大基礎業務和基礎設施建設，本着對國家、對民族、對歷史、對未來負責的態度，切實履行好我們的職責。

謹序。

二〇一二年四月

（作者爲中國第一歷史檔案館館長）

序二

周新國

揚州地處江蘇中部，長江下游北岸，江淮平原南端，東與泰州交界，西與安徽天長接壤，南臨長江，北與淮安毗鄰，中有縱貫南北的京杭大運河與萬里長江在此交匯，歷來是水陸交通樞紐，南北漕運的咽喉。

揚州建城已有近二千五百年歷史，它是國務院在一九八二年首批頒布的中國二十四座歷史文化名城之一。

清代揚州作爲東南第一大都會和交通樞紐，商旅輻輳，市井相連，富商大賈，鱗集麇至。揚州同時還是清代中國的文化學術中心，揚州爲南北之衝，四方賢者無不至此，東南書院之盛，揚州得其三焉，除官辦府學、縣學外，書院不下十餘處。揚州園林自成一格，大至樓臺、亭樹，曲徑迴廊，小至一花一木，無不争奇鬥异，名園迭出，綜合南北特色，集北雄南秀于一體，秀甲天下。在工藝製作方面，揚州漆器、玉雕和刻版印刷更是名揚天下，堪稱一絶。揚州學派、太谷學派、揚州八怪獨樹一幟，在清代學術和藝術領域獨領風騷。

中國第一歷史檔案館所保存的明清檔案，是祖國歷史文化遺産的重要組成部分，它與殷墟甲骨、敦煌經卷同被學術界譽爲中國近代文化史上的三大發現。深藏于皇宫裏的明清檔案包括了皇帝的各種詔令文書、臣工奏章，同時也包含了中央及地方政府的機關往來文書、各機關業務活動的記録以及皇帝生活起居彙編存查的檔册，其中特别是在長達二百六十八年中形成的清代歷史檔案，是研究清代歷史的第一手材料。而在這中間有關揚州的檔案涉及清代揚州的政治、經濟、文化、軍事、社會生活等多方面内容，特别是有關鹽務、漕運等方面的内容，具有極高的學術價值，是國内外學術界與文化界始終關注的重要領域。

揚州市檔案局長期以來熱心致力于揚州歷史檔案和歷史文化的保存、發掘和整理，在中共揚州市委和市政府領導大力支持幫助下，先後出版《揚州人》等系列地情書。二〇〇九年底，又與中國第一歷史檔案館合作，在揚州大學有關學者的大力支持下，整理出版了《清宮揚州御檔選編》一函六册，這是新中國建立以來第一部以宣紙印刷成套出版的清代揚州檔案的文獻，它們是從中國第一歷史檔案館館藏的浩如烟海的清宮御檔及其文獻中精選出來的，并按照清代十朝皇帝的順序選編而成，其中包括清代十朝皇帝的有關揚州上諭、揚州各級官員的奏章以及《清實録》記録的有關揚州重要事件或人物，上述檔案文獻多爲影印公布出版，雖僅收録二百四十多件，但它是《清宮揚州御檔》工程取得階段性成果的重要標志，出版之後即受到海内外學術界和文化界的高度關注，産生了重要的影響。

《清宮揚州御檔》是揚州市地方文化建設中的一項重大文化工程，該工程醖釀于二〇〇三年，二〇〇七年正式啓動，二〇〇九年由揚州市檔案局、中國第一歷史檔案館和揚州大學共同向國家清史編纂委員會申請立項，二〇一〇年八月十六日，《清宮揚州御檔》項目已正式立項，立項通知書稱『本項目屬于國家級專項研究課題，項目成果納入清史工程《檔案叢刊》序列予以出版』。《清宮揚州御檔》工程終獲國家清史編纂委員會批准立項，無疑是件值得慶賀的大事。

本世紀之初，揚州市檔案局即醖釀《清宮揚州御檔》的編纂工作，先後多次與中國第一歷史檔案館聯繫協商，并得到該館大力支持。此後從二〇〇七年至二〇〇九年不到兩年的時間裏，有關參與人員從中國第一歷史檔案館的『硃批奏摺』、『軍機處録副奏摺』等類檔案中查找了近萬件有關清代揚州歷史檔案，并全部製成數字影像，爲此項工程的出版提供最基本的也是最可靠的史料，成爲此項工程的重要奠基石。

此後，揚州市檔案局在揚州大學大力支持下，先期組織了十名歷史學博士、碩士研究生對近萬件奏摺進行甄别，分類并撰寫了提要，在此基礎上，揚州大學周新國教授、吴善中教授、周建超教授、劉建臻教授、張連生副教授、劉瑾輝副教授、華國梁副教授等人則對《清宮揚州御檔》作了進一步解讀，揚州市檔案局在綜合各方面意見基礎上，統一了編纂的體例、收録的原則以及全書編纂的指導思想等，確保了該工程順利進行。《清宮揚州御檔》的影印出版，具有顯著的學術價值和重要的歷史意義。

中共江蘇省委常委、宣傳部長、前中共揚州市委書記王燕文始終關心支持《清宮揚州御檔》的編纂工作，早在其擔任市長和市委書記期間即對此項工作批准立項；現任市委書記、市長謝正義也對此項工作高度重視并給予大力支持；前中共揚州市委書記、現中共中央宣傳部副部長孫志軍，前中共揚州市委書記、現南京市長季建業以及市人大原副主任洪軍、馬家鼎和市政協原副主席趙昌智都曾對《清宫揚州御檔》編纂工作高度重視并明確批示，使此項工作順利進行；揚州市檔案局局長宗金林、副局長萬一芹、副調研員崔隆平、魏怡勤以及原局長葛陽生、劉訓揚始終關注推動此項工作；中國第一歷史檔案館館長胡旺林、副館長吴紅以及前館長鄒愛蓮等同志都對此項工程給予指導和幫助，中國第一歷史檔案館技術部主任商志勇及其相關同志幫助複製和提供的電子圖片，確保此項工作的權威性。特别應當指出的是：國家清史編纂委員會主任戴逸教授、副主任朱誠如教授以及中國史學會原會長李文海教授對《清宫揚州御檔》在國家清史工程立項給予具體的指導和幫助。因此，完全可以説，這是一項集體勞動的結晶，也是一項功在當代，利在千秋的文化基礎工程。

謹向所有對此項工作給予支持和幫助的領導和同志們致謝！

最近根據社會各界及廣大讀者要求，廣陵書社與中國第一歷史檔案館、揚州市檔案館（局）、揚州大學合作，在《清宫揚州御檔》基礎上精益求精編輯出版《清宫揚州御檔精編》，共收録清代十朝揚州檔案一百二十件，按朝代時序排列，共分四册。所有奏摺硃批均爲完整影印。全書套色印製，宣紙綫裝，具有較高的史料價值和收藏價值。

其一，具有珍貴與權威性。此次《清宫揚州御檔精編》共收一百二十摺件及皇帝的硃批，它涵蓋了清朝自順治至宣統總計十朝，内容涉及政治、經濟、軍事、文化及社會萬象，它是從清宫近一百八十萬件檔案中整理出來，其資料具有無可争議的權威性，它的出版可能改寫甚至顛覆以往學術界對清史研究中已有的人物和事件的某些結論，極大地推進清代揚州歷史文化的研究。

其二，具有真實性與使用的便捷性。該書采用影印出版，較好地保留了文書摺件的原貌，數據具有完整性和真實性，既避免了重新打字、排印可能帶來的訛錯，也給使用者增加了歷史的直感。該書的影印極大地便利了廣大文史工作者研究揚州歷史文化，可以極大地推動揚州歷史文化研究。

其三，具有很高的藝術品位與收藏價值。《清宮揚州御檔精編》作爲揚州市和揚州大學進行地方文化建設中的一項重大的文化工程，是揚州市檔案局、中國第一歷史檔案館和揚州大學共同合作的結晶。該書的影印出版，從内容到形式都極具吸引力，可圈可點之處甚多，具有極高藝術品位和重要收藏價值。它既可以使人從中了解清代各朝奏摺或題本的規格、行文的程序及用語；同時還可以讓讀者欣賞到端正娟秀的小楷毛筆書法及清朝各位皇帝的『硃批』真迹，可以説，每份檔案都是一份精美的書法藝術品。

總之，《清宮揚州御檔精編》的影印出版，必將爲進一步研究揚州歷史文化，爲弘揚中華民族傳統優秀文化提供極其珍貴的歷史數據，也可爲揚州建城二千五百年獻上一份厚禮。

二〇一二年四月

（作者爲江蘇省哲學社會科學界聯合會副主席、江蘇省歷史學會會長、揚州大學副校長）

總目

第一册　順治朝　康熙朝　雍正朝

出版説明 …… 一

序一（胡旺林） …… 一

序二（周新國） …… 三

清廷致信勸降史可法等情形事（順治元年七月） …… 一

揚州陷落史可法遇難等事（順治二年五月） …… 三

諫順治帝需禁遣員赴揚州買女子等事（順治十二年六月至七月） …… 四

康熙帝過高郵湖親巡堤十餘里情繫災民等事（康熙二十三年十月至十一月） …… 六

康熙帝南巡泊江都縣邵伯鎮濟民除災等事（康熙二十三年十月至十一月） …… 六

康熙帝南巡揚州民間結彩歡迎等事（康熙二十八年正月至二月） …… 七

康熙帝南巡泊高郵州揚州府指導水利等事（康熙三十八年正月至三月） …… 九

康熙帝南巡過高郵州寶應縣查閲水利工程等事（康熙四十二年正月至三月） …… 一一

奏爲御批高旻寺碑文事（康熙四十三年十二月初二日） …… 一一

奏爲僧人紀蔭出任高旻寺主持事（康熙四十三年十二月初十日） …… 一三

奏爲全唐詩集定期于天寧寺開局刊刻等事（康熙四十四年五月初一日） …… 一四

條奏嚴行禁革淮商之浮費等事（康熙四十四年十月） …… 一五

奏爲恭進新出燕來笋事（康熙四十五年二月） …… 二〇

康熙南巡駐驛揚州事（康熙四十六年正月至二月） …… 二一

奏陳鹽法緊要事有三款事（康熙四十七年三月） …… 二三

奏爲曹宣奉佛到揚州日期及前往普陀寺安置等事（康熙四十七年三月二十九日） …… 二五

奏爲流棍在揚州興販私鹽請旨飭督撫合力查拿事（康熙四十七年三月） …… 二六

奏爲遵旨刷印御批資治通鑒綱目事（康熙四十九年三月十九日） …… 二八

奏爲恭請聖安并蘇揚二州田禾米價收成分數事（康熙四十九年九月十一日） …… 二八

奏爲揚州風聞浙江台州府燕海塢海盗擄掠居民差人確查事（康熙五十一年六月二十二日） …… 二九

第二册　乾隆朝

奏報遵旨起解存公銀兩事（乾隆三年三月十八日）……五一

奏爲揚州鈔關及瓜州由閘税務緊要請改歸鹽臣管理事（乾隆四年九月初三日）……五三

奏爲古溝湖水决壩高郵等地被水委員勘查撫恤事（乾隆七年七月十八日）……五五

奏爲揚州地方被水窮民奸良莫辨已加强巡防事（乾隆七年八月初十日）……五七

奏爲聖駕南巡兩淮商人程可正等公捐百萬銀兩事（乾隆十四年十一月初二日）……五八

奏報揚州運河挑浚分數事（乾隆二十三年十二月初二日）……五九

奏爲驗收揚州護城河等工并立法禁止商民傾潑堆積淤墊河道事（乾隆二十四年十月十三日）……六一

奏報估辦商捐修築石駁岸橋梁事（乾隆二十五年四月十二日）……六二

乾隆帝在天寧寺高旻寺行宮等處用膳情形事（乾隆三十年二月十四日）……六四

諭令將史可法等載國史以葆節義事（乾隆三十一年五月二十六日）……七七

奏爲揚州教場基址窄狹擬遷建并將舊教場租予民商等事（乾隆三十二年五月十七日）……七八

奏爲恭報長春園含經堂裝修物件在揚工完起運事（乾隆三十五年五月二十六日）……八一

奏爲將兩淮交做玉活現在成數及所定完工期限開單呈覽事（乾隆三十五年五月二十六日）……八三

奏爲遵旨覓得米芾手卷等物于裝修船上附帶進京并請免開價值事（乾隆三十五年閏五月初二日）……八四

奏爲將揚州商人馬裕家藏好書挑交四庫全書總裁事（乾隆三十八年四月十九日）……八五

奏爲奉旨依樣造辦玉器辦成運京事（乾隆四十年正月初十日）……八八

奏爲奉旨監做白玉桃式盒辦成運京事（乾隆四十年三月二十九日）……八九

奏爲戊戌綱外支不敷銀兩現貯運庫待解事（乾隆四十四年八月二十四日）……九〇

奏爲揚州天寧寺等地藏書樓蓋造完竣請旨頒賜御書匾額事（乾隆四十四年十月二十六日）……九一

奏爲奉旨發辦九龍大玉甕等玉器今已做就運京等事（乾隆四十五年六月二十四日）……九三

乾隆帝在天寧寺高旻寺行宮用膳情形事（乾隆四十五年二月十三日）……九四

奏陳鹽務情形事（乾隆四十六年二月二十二日）……九八

奏爲親至揚州看視曹寅病勢甚重向臣言求皇上賜聖藥起死回生事
（康熙五十一年七月十八日）……三〇
奏報曹寅病故日期并請旨代管鹽差清還江寧織造衙門虧款事
（康熙五十一年七月二十三日）……三二
奏爲接任鹽差後將曹寅任內欠款着伊子清還并許臣代管鹽差謝恩事
（康熙五十一年九月初六日）……三四
奏爲欽差穆和倫張廷樞奉旨嚴審科場案深受揚州人好評事
（康熙五十一年十月初四日）……三六
奏爲御頒佩文韵府在揚州刊刻工竣裝箱進呈等請旨事（康熙五十二年九月初十日）……三七
奏報蘇州揚州二麥豐收米價仍賤及重運糧船經過揚州數目事
（康熙五十三年四月十一日）……三八
奏爲奉命傳宣李陳常代補曹寅虧欠銀數曹頫母子叩頭謝恩事
（康熙五十五年二月初三日）……三九
奏報處理餘銀及淮南官引另出銀數并賞經解費爲養廉事
（康熙五十五年十一月十八日）……四一
奏爲遵旨齋戒擇日在揚州天寧寺內延僧諷經力保皇太后聖體康寧事
（康熙五十六年十一月初七日）……四三
奏報再命巡視兩淮鹽課現已接任視事事（康熙五十六年十一月十五日）……四四
奏報兩淮鹽務情形并鹽臣張應詔操守如舊事（康熙五十八年四月二十六日）……四五
籌議揚州水利等事（雍正五年五月）……四六
遵旨覆奏擬以明純爲揚州高旻寺方丈并安排該員進京等事
（雍正十二年四月初一日）……四六
奏爲揚州安定書院修理完竣并延師課訓事（雍正十三年十月十八日）……四七
奏報買糧米以平糴事（雍正朝）……四九
奏報揚州等地驛站分布事（雍正朝）……四九
呈江南揚州營游擊董志奮履歷單（雍正朝）……五〇

奏爲遵旨酌擬查辦戲曲章程事（乾隆四十六年三月初二日）……一〇〇
上諭四庫全書告竣分貯揚州大觀堂之文匯閣等處事（乾隆四十七年七月初八日）……一〇二
上諭兩淮商人請于天寧寺後添建萬壽寺事（乾隆四十八年五月二十八日）……一〇三
奏爲查明本年鹽屬各員并無换帖宴會等項情弊事（乾隆四十九年十一月二十六日）……一〇四
乾隆帝在天寧寺高旻寺行宫用膳情形事（乾隆四十九年二月二十六日）……一〇六
奏爲恭届皇上八旬聖壽兩淮商人願進銀兩據情代奏事（乾隆五十五年四月初十日）……一一〇
奏爲遵旨交辦文宗文匯二閣書籍事（乾隆五十五年十一月初九日）……一一一
奏爲循例年終查明鹽務各官無换帖上省宴會等陋習事（乾隆五十七年十二月初一日）……一一三
奏報到揚州向董椿傳旨并查明巴寧阿與總商無聯宗事（乾隆五十九年七月二十五日）……一一五

第三册　嘉慶朝　道光朝

奏爲代奏淮南北商人洪箴遠等請捐銀助剿事（嘉慶四年三月二十日）……一二〇
奏報兩淮無借捐餉之名私增鹽價事（嘉慶八年三月二十二日）……一二一
奏爲纂修兩淮鹽法志書請展限覆校事（嘉慶十年十一月二十八日）……一二三
奏報到任接印日期事（嘉慶十一年二月初五日）……一二五
奏報纂修兩淮鹽法志告成事（嘉慶十一年四月十四日）……一二七
奏報會勘籌議兩淮鹽運道路情形事（嘉慶十一年九月初七日）……一二八
曉諭阮元辭官及雲梯關一帶疏浚事（嘉慶十一年十月二十九日）……一三一
奏爲遵旨派候補道李弈疇帶醫士赴揚州驗看阮元病勢據實覆奏事（嘉慶十一年十一月二十日）……一三四
奏請撙節公費以減派款而培商本事（嘉慶十二年正月二十五日）……一三九
奏爲奉旨補授兩淮鹽運使謝恩事（嘉慶十二年五月初六日）……一四一
奏請在揚州府城添設緝私專營事（嘉慶十二年十一月二十八日）……一四三
曉諭將高旻寺等處方丈更替等事皆由地方官管理（嘉慶十四年二月二十七日）……一四六

奏爲淮南淮北綱食引鹽加鹽十斤請再予展限三年事（嘉慶二十一年三月二十二日）……一四七
奏爲承刊欽定全唐文在事諸臣及附近江浙官紳冀得捧函快誦請賞准各臣分印事（嘉慶二十一年十月二十七日）……一四九
奏爲遵旨校刊欽定全唐文完竣及裝函進呈事（嘉慶二十一年十月二十七日）……一五〇
奏爲代奏皇上六旬萬壽淮南總商鄒同裕等願報効銀三百二十萬兩分年呈進事（嘉慶二十二年二月初九日）……一五二
奏爲遵旨覆奏委員勘查高郵寶應等處被水情形及疏消積水等事（嘉慶二十二年八月十八日）……一五三
奏報總商黃瀠泰充當淮南首總事（嘉慶二十三年三月二十九日）……一五六
奏爲遵旨辦理改裝全唐文書函并分赴江浙文匯等各閣安放事（嘉慶二十四年正月二十五日）……一五七
奏報查明淮商捐輸各案已未完銀數事（嘉慶二十五年正月二十一日）……一五九
奏爲特參寶應縣知縣許知機護送琉球國貢使耽延請交部議處事（道光二年十二月十七日）……一六二
奏報起解參斤變價銀兩事（道光三年八月初三日）……一六四
奏報拿獲鹽梟交甘泉縣收審并將私鹽估變充賞事（道光三年十月十五日）……一六五
奏報籌議兩淮積引帶款章程事（道光八年正月二十七日）……一六六
奏請將兩淮鹽務改歸兩江總督管理以肅鹽政事（道光十年十二月十三日）……一七六
奏報籌議淮北試行票鹽設局收税章程事（道光十二年五月初四日）……一七八
奏報查明淮南鹽務情形酌議現辦章程事（道光二十七年九月十八日）……一八三
奏爲致仕大學士阮元應否與謚請旨定奪事（道光二十九年十一月二十日）……一八六

第四册　咸豐朝　同治朝　光緒朝　宣統朝

呈揚州城戰況記事單（咸豐三年五月十二日）……一八八
奏爲連日攻剿揚州情形事（咸豐三年七月二十三日）……一八九
奏請敕部速撥揚州駐防官兵餉銀事（咸豐四年二月十一日）……一九三
奏爲遵旨辦理揚州軍餉情形事（咸豐四年八月初二日）……一九七

奏爲遵查江寧揚州在城殉難官紳士庶各員請旨從優議恤事
（咸豐四年十月初六日）……一九八
呈揚州分局咸豐三年四月至四年正月次案收支捐輸各款錢糧清單（咸豐四年）……二〇一
奏請于揚州城外建立雙忠祠事（咸豐七年十二月初十日）……二〇八
上諭軍機章京徐步雲查辦揚州提引私通信息發配伊犁等事
（同治元年二月二十三日）……二〇九
同治元年策試中榜名單誥示（二甲第一名等爲揚州人）（同治元年五月初一日）……二一〇
奏報運道暢通籌辦整頓淮南鹽務事（同治三年正月十二日）……二一二
奏爲在揚州督兵屢殲悍賊奉旨賞給騎都尉世職謝恩事（同治三年七月十五日）……二一六
奏報吉林官兵調換揚州進關日期事（同治三年九月二十七日）……二一八
曉諭妥辦揚州等處教案事（同治七年九月二十四日）……二一九
奏爲揚州紳民自行捐資請建已故巡撫翁同書專祠事（同治七年十二月二十三日）……二二二
奏爲淮南北商販請建已故督臣曾國藩專祠事（同治十二年二月初十日）……二二四
密諭麥華陀赴揚州采訪鹽價著李鴻章等確探情形具奏等事
（光緒二年閏五月十五日）……二二七
奏爲揚州運河東西兩堤險工亟宜籌款修築事（光緒十五年十月十四日）……二二七
奏報重修兩淮鹽法志告成繕寫黃册恭呈御覽事（光緒十九年二月二十七日）……二三〇
奏爲江蘇補用道總纂王定安等重修兩淮鹽志請分別奬叙事（光緒十九年）……二三二
呈光緒二十四年分江寧淮安揚州徐州通州五府州屬漕糧河運章程清單
（光緒二十五年二月二十九日）……二三三
奏報兩淮鹽價礙難再加事（光緒二十五年六月二十三日）……二四一
奏爲敬陳清除兩淮鹽政積弊事（光緒朝）……二四四
奏報淮南運庫光緒二十九年三十年收支正雜各款數事（宣統元年七月二十二日）……二四九
奏爲兩淮中學堂學生畢業照章請奬事（宣統元年九月二十六日）……二五一

清廷致信勸降史可法等情形事

壬子。
攝政和碩睿親
王令南來副將韓拱薇參將陳萬春等齎書致史可法曰予
向在瀋陽即知燕山物望咸推司馬及入關破賊得與都人
士相接見識介弟於清班曾託其手勒平安拳致衷緒未審
以何時得達比聞道路紛紛多謂金陵有自立者夫君父之
讐不共戴天春秋之義有賊不討則故君不得書葬新君不
得書即位所以防亂臣賊子法至嚴也闖賊李自成稱兵犯
闕手毒君親中國臣民不聞加遺一矢平西王吳三桂介在
東陲獨效包胥之哭
朝廷感其忠義念累世之宿好棄近日之小嫌爰整貔貅驅除
狗鼠入京之日首崇愍帝及后謚號卜葬山陵悉如典禮親
郡王將軍以下一仍故封不加改削勳戚文武諸臣咸在朝
列恩禮有加耕市不驚秋毫無擾方擬秋高氣爽遣將西征
傳檄江南聯兵河朔陳師鞠旅戮力同心報乃君國之讐彰
我
朝廷之德豈意南州諸君子苟安旦夕弗審事機聊慕虛名頓
忘實害予甚惑之國家之撫定燕都乃得之於闖賊非取之
於明朝也賊毀明朝之廟主辱及先人我國家不憚征繕之
勞悉索敝賦代為雪恥孝子仁人當如何感恩圖報茲乃乘
逆寇稽誅王師暫息遂欲雄據江南坐享漁人之利揆諸情

理豈可謂平。將以為天塹不能飛渡、投鞭不足斷流耶。夫闖賊但為明朝祟耳、未嘗得罪於我國家也。徒以薄海同讐、特伸大義。今若擁號稱尊、便是天有二日、儼為勍敵。予將簡西行之銳、轉旝東征、且擬釋彼重誅、命為前導。夫以中華全力受制潢池、而欲以江左一隅兼支大國、勝負之數、無待蓍龜矣。予聞君子之愛人也以德、細人則以姑息。諸君子果識時知命、篤念故主、厚愛賢王、宜勸令削號歸藩、永綏福祿。

朝廷當待以虞賓、統承禮物、帶礪山河、位在諸王侯上、庶不負

朝廷伸義討賊、興滅繼絕之初心。至南州羣彥、翩然來儀、則爾公爾侯、列爵分土、有平西之典例在、惟執事實利圖之。輓近士大夫好高樹名義、而不顧國家之急、每有大事、輒同築舍。昔宋人議論未定、兵已渡河、可為殷鑒。先生領袖名流、主持至計、必能深維終始、寧忍隨俗浮沉。取舍從違、應早審定。兵行在即、可西可東、南國安危、在此一舉。願諸君子同以討賊為心、毋貪一時瞬息之榮、而重故國無窮之禍、為亂臣賊子所笑、予實有厚望焉。記有之、惟善人能受盡言。敬布腹心、佇聞明教。江天在望、延跂為勞、書不宣意。可法旋遣人報書、語多不屈。

揚州陷落史可法遇難等事

定國大將軍和碩豫親王多鐸
等奏報。大軍於四月初五日。自歸德府起行。沿途郡邑俱已投順。十三日。離泗州二十里。令固山額真阿山率蒙古固山額真馬喇希富喇克塔及將士前奪泗北淮河橋。其守泗總兵焚橋遁。我軍遂夜渡淮。翌日追五十餘里不及。十七日遣尚書宗室韓岱梅勒章京伊爾德護軍統領阿濟格尼堪署護軍統領杜爾德等率師至揚州城北。獲船百餘艘。是日大軍距揚州城二十里列營。令署護軍統領顧納代伊爾都齊費揚古吳喇禪梅勒章京阿哈尼堪署梅勒章京格霸庫等率師自揚州城南獲船二百餘艘。十八日大軍薄揚州城下。

招諭其守揚閣部史可法翰林學士衛允文及四總兵官二道員等。不從。二十五日。令拜尹圖圖賴阿山等攻克揚州城獲其閣部史可法。斬於軍前。其據城逆命者並誅之。五月初五日。進至揚子江。時偽福王下鎮海伯鄭鴻逵以水師守瓜州。曹總兵以水師守儀真汛地。初六日。我軍陳北岸。相拒三日。初八日晚。令拜尹圖圖賴阿山率舟師由運河潛至南岸列於江之西。距瓜州十五里。初九日。復令梅勒章京李率泰率舟師五鼓登岸。黎明渡江。官兵陸續引渡。令左翼舟師留泊北岸。敵至則以礮夾攻之。初十日。聞福王率馬士英及諸太監潛遁。十五日。我軍至南京。

諫順治帝需禁遣員赴揚州買女子等事

乙酉。

兵科右給事中季開生奏言臣備員掖垣竊見
皇上圖治惟勤求言若渴精修訓典特遣代巡復講官親諫臣
即五帝三王當不是過矣乃近日臣之家人自通州來遇見
吏部郎中張九徵回籍其船幾被使者封去據稱奉旨往揚
州買女子夫發銀買女較之采選淑女自是不同但恐奉使
者不能仰體
宸衷借端强買小民無知未免驚慌必將有嫁娶非時骨肉折
離之慘且乘機而姦棍挾仇捏報官牙壟利那移諸弊斷不
能無矣揚州邊江接海頻受賊氛男子守城婦人餽餉服勞
茹苦正自難堪忽聞此舉憂懼何如況兵火之後鳩鵠為容

使者承命不能作無米之炊勢必沿江四路搜尋江浙諸郡
萬難堪此矣從來歌舞之席易生怠荒歷史垂戒何庸臣贅
今當四方多警楚閩用兵正
皇上勵精圖治寢食不安之際何不移此使以閲旅省此費以
犒軍鼓忠勇而勵防勦之為愈乎伏乞
皇上上體
祖宗之寄託甚重下念兵民之心力甚勞鑒臣蟻衷速收成命
則宵旰之勤益專江海之氛必靖億萬年享久安長治之福
矣疏入得旨前内官監具奏乾清宮告成在即需用陳設器
皿等項合往南省買辦故令發庫銀遣人往買初無買女子

之事
太祖
太宗制度宫中從無漢女且朕素奉
皇太后慈訓豈敢妄行即天下太平之後尚且不為何况今日
朕雖不德每思效法賢聖之主朝夕焦勞屢次下詔求言上
書禁勿稱聖惟恐所行有失若買女子入宫成何如主耶季
開生身為言官果忠心為主當言國家正務實事何得以家
人所聞茫無的據之事不行確訪輒妄揑瀆奏肆誣沾直甚
屬可惡著革職從重議罪具奏

康熙朝

康熙帝過高郵湖親巡堤十餘里情繫灾民等事

甲寅。

御舟過高郵湖。見民間田廬。多在水中。惻然念之。因登岸。巡行隄畔十餘里。召耆老詳問致災之故。復諭王新命曰。朕此行。原欲訪問民間疾苦。凡有地方利弊。必設法興除。使之各得其所。昔堯憂一夫之不獲。況目覩此方被水情形。豈可不為拯濟耶。○

御舟過揚州。泊儀真江干。○乙卯。

御舟自儀真渡揚子江。泊鎮江府西門外

康熙帝南巡泊江都縣邵伯鎮濟民除灾等事

丁卯。

御舟泊江都縣邵伯鎮。○命吏部尚書伊桑阿。工部尚書薩穆哈。往視海口。諭曰。朕車駕南巡。省民疾苦。路經高郵寶應等處。見民間廬舍田疇。被水淹沒。朕心甚為軫念。詢問其故。具悉梗槩。高寶等處湖水下流。原有海口。以年久沙淤。遂至壅塞。今將入海故道。濬治疏通。可免水患。自是往還。每念及此。不忍於懷。此一方生靈。必圖拯濟安全。咸使得所。始稱

朕意。爾等可往被水災州縣。逐一詳勘。於旬
日內覆奏。務期濟民除患。總有經費。在所不
惜。爾等體朕至意速行○予故內大臣沙濟
祭葬如例○予湖廣陣亡一等阿達哈哈番
俄爾和克。三等阿達哈哈番和瑞。各祭葬如
例○戊辰。
御舟泊高郵州界首鎮

康熙帝南巡揚州民間結彩歡迎等事

甲午。
御舟泊高郵州○乙未。
御舟至揚州。闔郡士民迎
駕。是日泊黃金壩○丙申。
御舟泊江都縣陳家灣○
上諭江南江西總督傅拉塔。福建浙江總督王
騭。江蘇巡撫洪之傑。浙江巡撫金鋐等。朕因
省察黎庶疾苦兼閱河工。巡幸江南。便道至
浙。觀風問俗。簡約儀衛。鹵簿不設。扈從者僅

三百餘人。頃經維揚。民間結綵懽迎。盈衢溢巷。雖出自恭敬愛戴之誠。恐至稍損物力。甚爲惜之。朕視宇內編氓。皆吾赤子。惟使比户豐饒。即不張結綵幔。朕心亦所嘉悅。前途經歷諸郡邑。宜體朕意。悉爲停止。又見百姓老幼男婦奔走雜遝。瞻望恐後。未免諠譁擁塞。念此行原以爲民。不嚴警蹕。但人衆無所區別。高崖水次。或有傾跌之虞。一夫不獲其所。足軫朕懷。此後止於夾道跪迎。勿得紊亂追趨。致有諸患。著即詳加曉諭。使知朕愛民切實。咸爲遵行。○予故廣東廉州總兵官佟國壐祭葬如例。○丁酉。

御舟泊鎮江府金山寺。○諭河道總督王新命曰。朕過高郵州等處。見石隄間有損壞者。爾可即行修葺乙亥。

御舟泊高郵州。◯諭河道總督于成龍朕昨駐蹕界首用水平測量河水比湖水高四尺八寸湖水似不能越此隄而入運河但當湖石隄被水汕壞工程甚屬緊要著差賢能官員作速查驗修築。◯丙子。

上駐蹕揚州府。◯諭河道總督于成龍朕在清水潭九里地方用水平測量河水高湖水二尺三寸九分。此一帶當湖之石隄甚為緊要。可速行修造。至高郵州地方見河水向湖內流。河水似高一尺有餘。趁黃河水未深之時急宜修理。◯丁丑。在籍守制大學士張玉書。工部左侍郎李柟來朝。◯戊寅。

御舟泊江天寺。◯己卯。陝西西寧總兵官阿蘭台以病乞休允之。◯庚辰。

御舟泊新豐。◯諭領侍衛內大臣等此地麥田茂盛朕心深喜。此來原為民生。凡駐蹕處勿使踐踏田畝至於隨駕兵丁已足守衛此處之兵盡著發回其將軍副都統及各官員等既係該管地方著乘舟隨行可偏行曉諭凡有踐踏麥禾者察出決不輕貸）諭河道總督于成龍朕自淮南一路詳閱河道測算高郵以上河水比湖水高四尺八寸自高郵至邵伯河水湖水始見平等應將高郵以上當湖隄岸高郵以下河之東隄俱修築堅固有月隄處照舊存留有應修隄岸仍照舊隄堅築至於邵伯地方因無當湖隄岸河湖合而為一不必修築隄岸聽其流行高郵東岸之滚水壩涵洞俱不必用將湖水河水俱由芒稻河人字河引出歸江入江之河口如有淺處責令挑深如此修治則湖水河水俱歸大江各河之水既不歸下河下河自可不必挑濬矣

康熙帝南巡過高郵州寶應縣查閱水利工程等事

御舟渡江。泊寶塔灣○乙巳。
御舟過高郵州○旌表直隸行唐縣烈婦張肖月妻張氏拒姦
殞命。貞烈可嘉給銀建坊如例
三月。丙午朔。
御舟過寶應縣○丁未。
上登岸閱高家堰隄工。駐蹕關聖廟○諭河道總督張鵬翮王
公隄關係運道民生最為緊要。隄岸單薄樁木漸朽應再加
幫以資捍禦。不可因淤灘可恃而忽之也

奏爲御批高旻寺碑文事

江寧織造郎中臣曹寅謹
奏爲欽承
聖恩事臣寅謝
恩摺內蒙
御批高旻寺碑文寫完着善手摹拳勒上石榻墨進呈
欽此臣寅於拾貳月初貳日謹率屬官商民人
等俯伏迎接望
闕叩頭焚香跪讀百萬商民歡呼動地仰瞻
聖孝
帝訓治河省方

澤徧寰區
恩周蔀屋兼之
宸翰
宏文真書契以來所未曾有臣寅隨遴選匠工於高
士奇等指建碑亭之處將石細加磨礱用心摹
勒俟鐫完敬搨進呈
御覽所有兩淮商民頂戴
皇恩無由仰報於臣寅未點差之前敬於高旻寺西
起建
行宮工程將竣犀望
行宮可以不必
南巡駐蹕共遂瞻
天仰
聖之願臣寅目擊商民感戴情形不敢壅於上
聞俟墨搨全完具本
奏陳外合先具摺並
奏伏乞
皇上睿鑒施行

知道了

康熙肆拾叁年拾貳月初貳日

奏爲僧人紀蔭出任高旻寺主持事

江寧織造郎中臣曹寅謹

奏恭請

聖安高旻寺伏蒙

皇上欽賜

金佛梵宇光隆永垂不朽但寺内無僧主持臣寅到任後訪得馬蹟山有臣僧紀蔭避世焚脩可以勝任臣寅會同臣李煦率揚州文武官員商民人等具啓延請臣僧紀蔭再三固辭隨又敦致高旻寺乃

皇上臨幸之地且

賜有

金佛關係重大主持必須得人此正和尚報

恩之時等語臣僧紀蔭遂欣然就道臣寅同臣李煦遴於拾貳月初捌日率領文武官員商民人等迎請入院晨鐘暮鼓頂禮

金佛虔心上爲

皇太后保釐慶祝

皇上聖壽無疆以慰中外臣民之願今臣僧紀蔭具摺謝

恩據云昔曾見

駕蒙
恩准具具摺
奏
聞 臣寅不敢壅於上
聞理合
奏達
天聽伏乞
睿鑒施行

知道了

康熙肆拾叁年拾貳月初拾日

奏爲全唐詩集定期于天寧寺開局刊刻等事

江寧織造通政使司通政使臣曹寅謹
奏臣寅恭蒙
諭旨刊刻全唐詩集
命詞臣彭定求等玖員校刊 臣寅已行文期於伍月初壹日天寧寺開局至
今尚未到揚俟其到齊校刊謹當
奏
聞又聞肆月貳拾叁日有翰林院庶吉士臣俞梅赴臣寅衙門口傳
上諭命臣俞梅就近校刊全唐詩集欽此
奏請
聖旨欽遵咨行江蘇巡撫臣宋犖移咨吏部翰林院衙門俟刊刻完日該衙

條奏嚴行禁革淮商之浮費等事

門一並具本

奏

聞

知道了

康熙肆拾肆年伍月初壹日

一省浮費淮商之浮費甚多其大者有三項一送程儀凡現任候補過往進京等官不論有無交往每過淮揚無不皆需程贐蓋視商家為可啖之物強索硬要不饜不休且有趨炎附勢之流索持當事書函亦需程贐者一索規禮本地文武大小衙門無論與鹽務有無關轄皆向商家索取規禮益困商家原屬懦弱平居安保無事

設遇家庭交際之間偶有小嫌一涉
衙門必致借端勒詐不得不預為之
計以勉應其求也一送別敬每年於
御史任滿時本地鄉紳例送別敬此
在任一年交際之誼似或宜然近則
無論地之遠近相與之有無凡屬縉
紳顯要無不皆要兩淮之別敬于將
任滿之際若非現任淮揚則必差人
坐索甚至有倚附聲勢之主監人等
展轉抽豐難以枚舉此三者合一歲
而計之亦不下盈千累萬總因視淮
揚為利藪是以借名求索者不一而
足于是商家之力又虛費于分外之
誅求而資膏益耗矣然此不特相沿
已久難以頓除亦且勢要居多革則
招怨臣煦思程儀規禮別敬三項若
得先蒙
皇上特頒諭旨嚴行禁革俾臣煦履任之

後遵照奉行力圖禁絶以紓商力則
衆商之感激
皇仁自當頂戴歡呼于不朽況衆商又蒙
皇上借給帑本又欲仰報無由若即以所
省無益之虛費轉而爲
朝廷額外之節省是亦衆商心悦而樂從
者也
一革發收兩淮塩差衙門有額設承差
二十名每年于其中點用一名原止

令在轅門伺候傳禀供使令而已近
乃巧立名色曰發收不惟本官一任
諸事皆聽其簧鼓而且商家之一舉
一動無不受其箝制于是一年之中
事無巨細無不任其指揮官既被其
朦蔽商更遭其魚肉事權既重利亦
獨歸若輩人人涎羡故每于本任未
滿之前十九人中即有豫謀後任之
發收者先期入京賄托要路坐名轉

薦倚恃勢力務在必得而究其所以行賄之物又莫不出于商貲則是發收者為鹽差朦蔽之匪人而為商家耗蝕之大蠹也明矣此臣煦所耳聞目覩最為真確且兩淮商家無不畏懼而莫可如何者是以臣煦擬禁革不用以省商家無益之貲膏去鹽差煬竈之大蠹然此輩鬼蜮慣技若遽失利寵必致仍復鑽營力求貴要以圖復設臣煦自揣人微位卑安能抗忤計惟仰祈

皇上諭旨嚴禁俾得遵行方能永革則去蠹蘇商為益不淺矣

一禁鹽價凡物之價皆自能隨時貴賤況兩淮行鹽之地各有遠近且有水陸盤駁等費之不同其納課必須紋銀并照部頒法馬實與別項交易之銀色平戥又各別故其賣價亦當聽

其隨地隨時自為貴賤乃令行鹽各
省之督撫以為價高則病民往往出
示禁擡鹽價豈知有下官之奉行不
善者即借此以為挾詐之端故商人
一逢示禁即受虧本之大累矣但即
以江廣之鹽而論江西每包柒觔肆
兩湖廣每包捌觔肆兩湖廣之鹽一
包即價貴時賣至銀壹錢叁分或制
錢壹百叁拾文者民間計口授食每
人每日食鹽叁錢終歲計之一人纔
食鹽一包以錢計之三日纔食錢一
文之鹽何淂謂之病民凡民間蔬薪
酒米之類甚多其價皆隨時長落未
聞限價令民間所喫之煙每人每日
有喫至一二三文不等者煙之于人
可有可無猶未若鹽之必不可少也
曾未聞以為無益之費而禁之限之
何獨于鹽特為限價豈真為病民起

見者耶凡此諒皆在
聖明洞鑒之中然此事惟督撫大吏行之
似難轉移若非蒙
皇恩垂拯商皆特頒
上諭則諸臣縱能形之章奏亦難奠其止
息也

康熙四十四年十月　日

奏爲恭進新出燕來笋事

管理蘇州織造大理寺卿兼巡視兩淮鹽課監察御史臣李煦謹
奏恭請
皇上萬安今有新出燕来笋理合恭
進少盡臣煦一點敬心伏乞
睿鑒至于揚州地方春氣和暖雨順風調萬民樂
業無不感頌
皇恩并
奏以
聞

知道了近日京中少雨朕
心時刻未安未知南方情形
何如也更有囑者凡京中
渾帳人等指視等事一
槩不聽纔好有主意
甚是要緊不可疏忽

康熙四十五年二月　日

己酉
御舟泊高郵州九里廟地方　湖廣總督石文晟湖北巡撫劉
殿衡偏沅巡撫趙申喬來朝　庚戌
御舟泊揚州府是日揚州紳衿商民等跪迎
聖駕　賜致仕大學士張英
御書世恩堂匾額及對聯書籍人參　河道總督張鵬翮以悞
奏開溜淮套河具疏請罪得旨黃淮兩河關係運道民生總
河身任河務必勿憚煩勞時親勘閱將應修應築之處斟酌
合宜又能任用得人斯為稱職張鵬翮聽信小人徐光啟議
開溜淮套河竟不親加審勘輒奏稱此河開濬有益所立開

河標竿至毀壞民間墳塚田廬又地勢甚高雖開濬成河亦
不能水出清口徒滋生事擾民張鵬翮輕舉妄動大負職掌
九卿詹事科道將張鵬翮並前會題請開溜淮套督撫等俱
嚴加議處具奏辛亥
上駐蹕揚州府寶塔灣行宮宗人府題輔國將軍都統阿顏
圖行止不端應革職從之兵部等衙門議奏大學士席哈
納等察審土司田舜年一案疏稱原參田舜年僭越淫縱等
款俱虛應毋庸議其假捏幼孫年歲造册報部希圖承襲又
私將伊子田晛如冒原任石梁土司田焜之名襲為土司及
鑄錢擅殺等款俱實應治罪但已經身故亦毋庸議至向久

忠等捏詞控告應枷責僉妻安插内地革職宣慰司土司田
昞如暴戾虐民抗不赴審應枷責僉妻安插内地桑植宣慰
司土司向長庚隱匿田昞如不解聽審應降四級留任總督
石文晟不行詳察草率具題應降三級調用巡撫劉殿衡趙
申喬提督俞益謨將奉旨審理事件不行詳察具題應各降
一級罰俸一年俱應如所題其承襲容美司土司之職應將
田舜年之子田旼如田曜如田暘如田映如等開列伏候
上裁得旨石文晟著降三級從寬留任容美司土司著田旼如
承襲餘依議

奏
聞今特另具一疏伏乞
勅部施行三月初三日監督平糶官六員俱
到揚州即渡江南下往會督撫總漕留
漕平糶荷蒙
萬歲
聖恩於蠲免賑濟之後今又
特旨留漕
遣官平糶
皇仁浩蕩
施恩無已而萬民歡悅無不感激
天恩目下江南蘓揚等府雨水調匀春花有
望而地方亦不復有盜警理合一併
奏
聞伏乞
睿鑒

知道了

康熙肆拾柒年叁月　日

奏爲曹宜奉佛到揚州日期及前往普陀寺安置等事

管理蘇州織造大理寺卿兼巡視兩淮鹽課監察御史臣李煦謹
奏恭請
萬歲萬安竊松江府平糶戶部郎中臣趙德
送摺子到臣煦謹遣家人星齋進
呈
御覽二月十八日曹宜奉
佛自張家灣開船於三月二十八日到揚州
一路平安無事管理杭州織造臣孫文
成於二十九日清晨到揚迎
佛臣煦與曹寅孫文成商議仍着曹宜跟隨孫
文成前去普陀安置
佛畢具摺回
奏再新任揚州府知府臣趙弘煜於三月
二十六日到任理合一併
奏
聞伏乞
睿鑒

知道了

康熙肆拾柒年叁月貳拾玖日

奏爲遵旨刷印御批資治通鑑綱目事

管理蘓州織造大理寺卿兼巡視兩淮鹽課監察御史臣李煦謹
奏恭請
萬歲萬安前臣煦遵奉
聖旨刷印
御批資治通鑑綱目不必用套草釘送来欽此欽
遵臣煦鳩工刷釘六百部從水路鮮運進
呈謹
奏以
聞
康熙四十九年三月十九日

知道了

奏爲恭請聖安并蘇揚二州田禾米價收成分數事

管理蘓州織造大理寺卿兼巡視兩淮鹽課監察御史臣李煦謹
奏恭請
萬歲萬安伏聞
聖駕自口外
回京臣翹首
殿廷實深犬馬戀
主之誠因鹽差之期在十月十三日方滿未能即
日起身謹叩頭具摺恭請
聖安伏乞
睿鑒蘓州揚州田禾現在收割年景俱好大抵有

八九分收成至於各處米價皆賤上號的在九錢之内次號的在八錢之内蘇州揚州八月晴雨册進
呈
御覽臣煦臨奏不勝悚惶依戀之至
康熙四十九年九月　十二日

知道了每聞兩淮虧空甚是利害爾等十分留心後來被衆人笑罵遺罪子弟都要想到方好

奏爲揚州風聞浙江台州府燕海塢海盜擄掠居民差人確查事

臣李煦跪
奏今揚州紛紛傳説五月内浙江台州府燕海塢地方有海盜竊發擄掠居民其防汛官兵禦敵竟被殺傷二百八十餘員名等情但揚州與浙江之台州相去一千七八百里之遠此事未知真實除一面星飛差人到該地方確查外事關盜賊謹先據風聞入
告容臣煦訪確之日再具摺
奏
聞伏乞

辭
聖世不克仰報
天恩爲恨又向臣言江寧織造衙門歷年虧欠錢
糧九萬餘兩又兩淮商欠錢糧去年奉
旨官商分認曹寅亦應完二十三萬兩零而無貲
可賠無産可變身雖死而目未瞑此皆曹寅
臨終之言臣思曹寅寡妻幼子折骨難償但
錢糧重大豈容茫無着落今年十月十三日
臣滿一年之差輪該曹寅接任臣今冒死叩
求伏望
萬歲
特賜矜全
允臣煦代管鹽差一年以所得餘銀令伊子并其
管事家人使之逐項清楚則錢糧既有歸着
而曹寅復蒙
恩全於身後臣等子子孫孫永矢犬馬之報効矣
伏乞
慈鑒臣煦可勝悚惶仰望之至
曹寅於爾同事一體此所奏甚是惟
恐日久爾若變了只爲自己即犬
馬不如矣
康熙五十一年七月　二十三　日

奏爲接任鹽差後將曹寅任內欠款着伊子清還并許臣代管鹽差謝恩事

臣李煦跪
奏臣因曹寅任內錢糧未楚冒死具摺求代管
鹽差一年令曹寅之子清還各欠乃蒙我
萬歲
殊恩
特賜俞允
天高地厚亘古未有臣即恭設香案望
闕叩頭謝
恩訖容臣於十月十三日接任後將曹寅應得餘
銀着伊子連生收領務必清還各欠不敢辜
負
天恩而臣煦亦斷不敢有一毫欺隱以仰體我
萬歲期望之
天心也惟是曹寅懸欠錢糧其妻子粉骨碎身不
能賠補幸蒙我
萬歲
許臣代管因得清楚欠項而曹寅妻子仰賴
聖恩

曲賜矜全不但曹寅感泣泉下凡屬臣子無不謳
歌
聖德盡為鼓舞而臣與曹寅親身共事犬馬下忱
尤深感激謹具摺奏
謝再曹寅妻子聞
命自
天感深涕泣連生現在具摺叩
謝
隆恩理合一并

奏明伏乞
聖鑒臣煦臨奏不勝悚惶感戴之至

知道了

康熙五十一年九月 初六 日

奏爲欽差穆和倫張廷樞奉旨嚴審科場案深受揚州人好評事

臣李煦跪

奏

欽差大人穆和倫張廷樞科場一案已經審完於

九月二十九日起身進

京復

命矣大人起身後揚州人皆說我

皇上

聖明獨斷差大人覆審科場在大人既奉

嚴旨不敢不秉公審問從重定罪今副主考趙晉

擬斬房官方名擬絞賄買夤緣舉人吳泌程

光奎與過付的俞繼祖郝青田一班人並擬

絞罪有這番嚴處將來科場自然好了總賴

我

萬歲

聖明士子得以吐氣天下人無一個不感激的衆

人議論如此謹具摺

奏

聞伏乞

聖鑒

知道了

康熙五十一年十月初四日

奏為御頒佩文韻府在揚州刊刻工竣裝箱進呈等請旨事

臣李煦跪

奏竊臣煦與曹寅孫文成奉

旨在揚州刊刻

御頒佩文韻府一書今已工竣謹將連四紙刷釘十部將樂紙刷釘十部共裝二十箱恭

進呈樣再連四紙應刷釘若干部將樂紙應刷釘若干部理合奏

請伏乞

批示遵行解送進

京臣煦臨奏可勝悚惕之至

此書刻得好的極處。南方不必釘本只刷印一千部其中將樂紙二百部即足矣

康熙五十二年九月初十日

奏報蘇州揚州二麥豐收米價仍賤及重運糧船經過揚州數目事

臣李煦跪

奏竊江南浙江湖廣江西四省重運糧船經過
揚州北上已有五千二十隻尚有湖南二帮
九江二帮南昌一帮共五帮糧船未過揚州
約數有五百餘隻地方官現在催趕隨後陸
續可到矣蘇州揚州二麥近山近水俱得豐
收各路米價仍賤上號在一兩之内次號在
九錢之内再蘇州雨水調匀揚州雨澤亦不
至缺少理合

奏

聞所有蘇州揚州三月晴雨冊進
呈伏乞
聖鑒
京中原不少雨畿南四府併
山左雲中時雨未足近来亦
有雨了但二麥未免减收
康熙五十三年四月 十一 日

奏為奉命傳宣李陳常代補曹寅虧欠銀數曹頫母子叩頭謝恩事

臣李煦跪

奏竊臣至江寧織造衙門傳宣

萬歲

命李陳常代補虧欠

恩旨曹頫母子即望

闕叩頭謝

恩舉家皆感激涕零也今戶部行文已到而臣接

閱部文之後有應再

奏於

聖主之前者竊臣煦從前查曹寅虧欠原有三十

七萬三千兩零因壬辰綱臣代曹寅任內商

人有應繳之費十一萬兩扣存未收既有此

宗現銀可抵則曹寅實欠二十六萬三千兩

零所以臣煦前摺內奏曹寅虧欠之數止二

十六萬三千兩零而不奏三十七萬三千兩

零也在李陳常奉

旨代補欠項原係陳常自己任內餘銀今部議請

將曹寅未收之商費十一萬兩即抵算在臣

煦所奏曹寅二十六萬三千餘兩虧欠数内
是曹寅名下少收商費十一萬兩即多出虧
欠十一萬兩矣曹顒母子折骨難完除曹顒
具摺泣
奏外臣煦冒死再
奏伏求
萬歲俱賜矜全則曹寅一門永啣結於生生世世
矣再李陳常摺内將商人應繳之費十一萬
兩折去平色止筭九萬九千五百餘兩而其
實當時結筭商人未繳之費原筭十一萬兩
合并
奏明伏乞
聖鑒臣煦臨奏不勝悚惶戰慄之至

康熙五十五年二月　初三　日

奏報處理餘銀及淮南官引另出銀數并賞經解費爲養廉事

奴才李煦跪

奏竊鹽差一年餘銀除發織造錢糧二十一萬兩公項外應得餘銀三十一萬七千兩奴才當以二十八萬八千餘兩補完積欠其所剩二萬九千餘兩解部充餉但奴才得以餘銀清楚未完積欠皆由我

萬歲格外之

天恩而奴才與曹頫雖世世犬馬未足以云報也奴才再有

奏

聞者凡商人向年捆鹽出場皆起於五月以暑天捆鹽不至出滷消耗但五月方開手捆運未免時日已遲一年額運之鹽恐不能趕完李陳常欲挽遲為速即改為正二月開捆然流滷消耗難免虧折而商人衆議每一引多帶五斤以備消耗

情願於正項錢糧之外每引另出
五分奴才反覆思量於衆商原為
有益而公務又得早完此事可以
不革除淮北商人資本微薄與江
都山清八縣食盐商人俱不出外
查淮南一百三十三萬官引每引
五分約計六萬六千兩零奴才不
敢私自入已容差滿之日親齎
進呈以備公項之用再盐臣衙門另
有經解費一萬六千兩求
恩賞奴才與曹頫兩處為養廉之資奴才
未敢擅便伏候
批示遵行

是

康熙五十五年十一月 十八 日

奏爲遵旨齋戒擇日在揚州天寧寺内延僧諷經力保皇太后聖體康寧事

奴才李煦跪

奏竊 奴才接閱京抄云包衣昂邦衙門十月十九日奉

硃筆

上諭董殿邦閔保尔等傳與各寺廟觀院等處爲

皇太后諷經若僧道内有能醫病者着即舉送欽此

伏思

皇太后聖躬偶爾違和 奴才以職守之重未敢詣

都請

安而犬馬下忱實踧踖靡寧謹即虔誠齋戒擇十一

月初九日在揚州天寧寺内延僧諷經七晝夜伏

如來諸天之法力保

皇太后聖體之康寧而 奴才薰沐虔禱以稍盡區區

之蟻悃也理合具摺

奏

聞伏乞

聖鑒

是還該多諷些日子

康熙五十六年十一月 初七 日

奏報再命巡視兩淮鹽課現已接任視事事

奴才李煦跪

奏竊奴才上年十月再奉巡視之

命惟恐鹽運課悞有負

天恩幸今年雨暘時若場鹽廣產不但本年一綱之鹽已經趕運足額且剩餘鹽数十萬引可供明年新綱捆運此奴才與曹寅輪視淮鹺十餘年來所未有者皆由我

萬歲

弘福所致遂得此天時之甚善而商灶歡騰羣情踴躍奴才十一月十二日舊任已滿又於十一月十三日欽遵接任

恩命管理新綱之事凡應行諸務容奴才細細斟酌次第

奏請

聖裁謹先以接任視事具摺

奏

聞伏乞

聖鑒

知道了

康熙五十六年十一月十五日

奏報兩淮鹽務情形并鹽臣張應詔操守如舊事

奴才李煦跪

奏竊兩淮煎鹽竈戶其每日所煎之數必立法查明然後不敢賣於私販而盡賣於商人若不查明煎數則竈戶奸良不一難保無售私之弊今新鹽臣張應詔煎數未查人事不免缺畧至以天時而論亦欠順利上年十月起至今年三月淮揚兩府天氣多陰場鹽不能廣產故雖目下四月將盡商鹽之捆運出場者尚少奴才四月二十日抵揚州察明兩淮情形如此事關鹽政不敢不據實

奏

聞再訪張應詔之操守依然如舊合并

奏明伏乞

聖鑒

從來操守亦是難得往後再看再說

康熙五十八年四月 二十六 日

雍正朝

籌議揚州水利等事

辛未。大學士等奏遵旨詢問揚州府在京官員通政使繆沅等會議原任給事中許承宣條陳揚州水利一疏。據稱揚州舊有陳公塘、上雷下雷、小新五塘，瀦蓄天長六合上游之水，及盱泗壽春支流，接於高寶各湖，歷代資以濟運兼灌溉江都儀徵山田數十萬頃。自明季豪強侵占爲田，遂致堙塞。儻邀照舊開修，誠於地方有益。得旨著交與總督范時繹、總河齊蘇勒、巡撫陳時夏定議具奏。

臣僧明慧謹

奏爲覆

奏事。雍正十一年十一月恭奉

硃批：住持禪師可斟酌一與常住有益者住之。此寺乃新改國師會下，務必得能整理服衆之人方妙。不然恐招人笑論。其餘或再留一二人幫助料理常住事務。其餘着該織造送京來，朕尚有別處用。再者或有雕琢之才亦未可定。密諭。欽此欽遵。江南揚州府高旻寺住持謹擬明純爲方丈。明智

帮扶料理常住事務超沛超宗等十人于二月
初十日已交該織造高斌差人伴送進京理合
奏明所有原奉
硃批三摺敬謹函封恭
繳謹
奏

覽

雍正拾貳年肆月　初壹　日

奏爲揚州安定書院修理完竣并延師課訓事

管理兩淮鹽政布政使奴才高斌謹

奏爲奏
聞事謹查揚州府城内舊有書院一座中祀宋儒胡瑗康
熙四十四年閏四月間
聖祖仁皇帝南巡駐蹕高旻寺時
特賜
御書經術造士扁額至今
宸翰輝煌臣民瞻仰上年欽奉

大行皇帝諭旨各省設立書院造就人材通河商人涵濡
恩澤恭逢
聖化崇隆菁莪樂育之盛歡欣踴躍将揚城舊存安定書院
今歳重加修葺延請掌教凡商籍及揚州府屬士子
擇其文學優長品行端方者肄業其中其修理工費
并歳需修儀膏火等項俱係商人捐備兹據運使尹
會一将商人修理書院工竣并延師課訓緣由具詳
前來 奴才謹恭摺奏
聞伏乞
皇上聖鑒謹
奏

知道了

雍正十三年十月 十八 日

奏報買糧米以平糶事

○四年。兩淮衆商公捐銀二十四萬兩。又備鹽院公務銀八萬兩。奉旨。以二萬兩賞給兩淮御史。以三十萬兩。爲江南買貯米穀蓋造倉厫之用。所蓋倉厫賜名鹽義倉。即著兩淮御史。交與商人經理。遵旨議定。於揚州府治建倉積貯。每年於青黃不接之時。照存七糶三之例。出陳易新。或於米貴之時。開倉平糶。總至秋成糴補。倘地方有賑濟之用。各該撫一面具題。一面動支。管理之商人。每年將出易糴補動支之數。呈報巡鹽御史。該御史核實奏報。其出陳易新平糴平糶之內。或有贏餘。即以增買米穀。

奏報揚州等地驛站分布事

揚州府

江都縣 廣陵驛

邵伯驛

儀徵縣 儀徵驛

高郵州 盂城驛

界首驛

寶應縣 安平驛